T0010129

GREAT IDEAS
Contra la ignorancia de las mujeres

Sor Juana Inés de la Cruz
1648-1695

Sor Juana Inés de la Cruz

Contra la ignorancia

de las mujeres

GREAT IDEAS

taurus

Papel certificado por el Forest Stewardship Council®

Primera edición: septiembre de 2023
Primera reimpresión: noviembre de 2023

© 2023, Penguin Random House Grupo Editorial, S. A. U.
Travessera de Gràcia, 47-49. 08021 Barcelona

Esta obra pertenece a la serie Great Ideas, publicada originalmente en inglés
en Gran Bretaña por Penguin Books Ltd.

Printed in Spain – Impreso en España

ISBN: 978-84-306-2555-0
Depósito legal: B-10.350-2023

Compuesto en Arca Edinet, S. L.
Impreso en Liberdúplex
Sant Llorenç d'Hortons (Barcelona)

TA 2 5 5 5 0

Índice

Respuesta a sor Filotea de la Cruz[*]

* Carta enviada en 1691 al obispo de Puebla, Manuel Fernández de Santa Cruz, quien, bajo el sobrenombre de sor Filotea de la Cruz, había escrito una carta en la que criticaba duramente a sor Juana por su *Carta atenagórica*, una crítica sobre un sermón del jesuita portugués António Vieira que el propio obispo le había pedido y que publicó sin su permiso.

Muy ilustre Señora, mi Señora:

No mi voluntad, mi poca salud y mi justo temor han suspendido tantos días mi respuesta. ¿Qué mucho si, al primer paso, encontraba para tropezar mi torpe pluma dos imposibles? El primero (y para mí el más riguroso) es saber responder a vuestra doctísima, discretísima, santísima y amorosísima carta. Y si veo que preguntado el Ángel de las Escuelas, Santo Tomás, de su silencio con Alberto Magno, su maestro, respondió que callaba porque nada sabía decir digno de Alberto, con cuánta mayor razón callaría, no como el Santo, de humildad, sino que en la realidad es no saber algo digno de vos. El segundo imposible es saber agradeceros tan excesivo como no esperado favor, de dar a las prensas mis borrones: merced tan sin medida que aun se le pasara por alto a la esperanza más ambiciosa y al deseo más fantástico; y que ni aun como ente de razón pudiera caber en mis pensamientos; y en fin, de tal magnitud que no sólo no se puede estrechar a lo limitado de las voces, pero excede a la capacidad del agradecimiento, tanto por grande como por no esperado, que es lo que dijo Quintiliano: *Minorem spei, maiorem benefacti gloriam pereunt.* Y tal que enmudecen al beneficiado.

Cuando la felizmente estéril para ser milagrosamente fecunda madre del Bautista vio en su casa tan desproporcionada visita como la Madre del Verbo, se le entorpeció el entendimiento y se le suspendió el discurso; y así, en vez de agradecimientos, prorrumpió en dudas y preguntas: *Et unde hoc mihi?* ¿De dónde a mí viene tal cosa? Lo mismo sucedió a Saúl cuando se vio electo y ungido rey de Israel: *Numquid non filius Iemini ego sum de minima tribu Israel, et cognatio mea novissima inter omnes de tribu Beniamin? Quare igitur locutus es mihi sermonem istum?* Así yo diré: ¿de dónde, venerable Señora, de dónde a mí tanto favor? ¿Por ventura soy más que una pobre monja, la más mínima criatura del mundo y la más indigna de ocupar vuestra atención? ¿Pues *quare locutus es mihi sermonem istum? Et unde hoc mihi?*

Ni al primer imposible tengo más que responder que no ser nada digno de vuestros ojos; ni al segundo más que admiraciones, en vez de gracias, diciendo que no soy capaz de agradeceros la más mínima parte de lo que os debo. No es afectada modestia, Señora, sino ingenua verdad de toda mi alma, que al llegar a mis manos, impresa, la carta que vuestra propiedad llamó Atenagórica, prorrumpí (con no ser esto en mí muy fácil) en lágrimas de confusión, porque me pareció que vuestro favor no era más que una reconvención que Dios hace a lo mal que le correspondo; y que como a otros corrige con castigos, a mí me quiere reducir a fuerza de beneficios. Especial favor de que conozco ser su deudora, como de otros infinitos de su inmensa bondad; pero también especial modo de avergonzarme y confundirme: que es más primoroso medio de castigar hacer que yo misma, con mi conocimiento, sea el juez que me sentencie y condene mi ingratitud. Y así, cuando esto considero acá a mis solas, suelo decir: bendito seáis vos, Señor, que no sólo no quisisteis en manos de otra criatura el juzgarme, y que ni aun en la mía lo pusisteis, sino que lo reservasteis a la vuestra, y me librasteis a mí de mí y de la sentencia que yo misma me daría —que, forzada de mi propio conocimiento, no pudiera ser menos que de condenación—, y vos la reservasteis a vuestra misericordia, porque me amáis más de lo que yo me puedo amar.

Perdonad, Señora mía, la digresión que me arrebató la fuerza de la verdad; y si la he de confesar toda, también es buscar efugios para huir la dificultad de responder, y casi me he determinado a dejarlo al silencio; pero como éste es cosa negativa, aunque explica mucho con el énfasis de no explicar, es necesario ponerle algún breve rótulo para que se entienda lo que se pretende que el silencio diga; y si no, dirá nada el silencio, porque ése es su propio oficio: decir nada. Fue arrebatado el Sagrado Vaso de Elección al tercer Cielo, y habiendo visto los arcanos secretos de Dios dice: *Audivit arcana Dei, quae no licet homini loqui.* No dice lo que vio, pero dice que no lo puede decir; de manera que aquellas cosas que no se pueden decir, es menester decir siquiera que no se pueden decir, para que se entienda que el callar no es no haber qué decir, sino no caber en las voces lo mucho que hay que decir. Dice San Juan que si hubiera de escribir todas las maravillas que obró nuestro Redentor, no cupieran en todo el mundo los libros; y dice Vieyra, sobre este lugar, que en sola esta cláusula dijo más el Evangelista que en todo cuanto escribió; y dice muy bien el Fénix

Lusitano (pero ¿cuándo no dice bien, aun cuando no dice bien?), porque aquí dice San Juan todo lo que dejó de decir y expresó lo que dejó de expresar. Así, yo, Señora mía, sólo responderé que no sé qué responder; sólo agradeceré diciendo que no soy capaz de agradeceros; y diré, por breve rótulo de lo que dejo al silencio, que sólo con la confianza de favorecida y con los valimientos de honrada, me puedo atrever a hablar con vuestra grandeza. Si fuere necedad, perdonadla, pues es alhaja de la dicha, y en ella ministraré yo más materia a vuestra benignidad y vos daréis mayor forma a mi reconocimiento.

No se hallaba digno Moisés, por balbuciente, para hablar con Faraón, y, después, el verse tan favorecido de Dios, le infunde tales alientos, que no sólo habla con el mismo Dios, sino que se atreve a pedirle imposibles: *Ostende mihi faciem tuam.* Pues así yo, Señora mía, ya no me parecen imposibles los que puse al principio, a vista de lo que me favorecéis; porque quien hizo imprimir la carta tan sin noticia mía, quien la intituló, quien la costeó, quien la honró tanto (siendo de todo indigna por sí y por su autora), ¿qué no hará?, ¿qué no perdonará?, ¿qué dejará de hacer y qué dejará de perdonar? Y así,

debajo del supuesto de que hablo con el salvo-
conducto de vuestros favores y debajo del seguro de vuestra benignidad, y de que me ha-
béis, como otro Asuero, dado a besar la punta
del cetro de oro de vuestro cariño en señal de
concederme benévola licencia para hablar y
proponer en vuestra venerable presencia, digo
que recibo en mi alma vuestra santísima amo-
nestación de aplicar el estudio a Libros Sagrados, que aunque viene en traje de consejo, ten-
drá para mí sustancia de precepto; con no
pequeño consuelo de que aun antes parece que
prevenía mi obediencia vuestra pastoral insi-
nuación, como a vuestra dirección, inferido del
asunto y pruebas de la misma carta. Bien conozco que no cae sobre ella vuestra cuerdísima
advertencia, sino sobre lo mucho que habréis
visto de asuntos humanos que he escrito; y
así, lo que he dicho no es más que satisfa-
ceros con ella a la falta de aplicación que habréis inferido (con mucha razón) de otros escritos míos. Y hablando con más especialidad
os confieso, con la ingenuidad que ante vos es
debida y con la verdad y claridad que en mí
siempre es natural y costumbre, que el no haber
escrito mucho de asuntos sagrados no ha sido
desafición, ni de aplicación la falta, sino sobra de

temor y reverencia debida a aquellas Sagradas Letras, para cuya inteligencia yo me conozco tan incapaz y para cuyo manejo soy tan indigna; resonándome siempre en los oídos, con no pequeño horror, aquella amenaza y prohibición del Señor a los pecadores como yo: *Quare tu enarras iustitias meas, et assumis testamentum meum per os tuum?* Esta pregunta y el ver que aun a los varones doctos se prohibía el leer los Cantares hasta que pasaban de treinta años, y aun el Génesis: éste por su oscuridad, y aquéllos porque de la dulzura de aquellos epitalamios no tomase ocasión la imprudente juventud de mudar el sentido en carnales afectos. Compruébalo mi gran Padre San Jerónimo, mandando que sea esto lo último que se estudie, por la misma razón: *Ad ultimum sine periculo, discat Canticum Canticorum, ne si in exordio legerit, sub carnalibus verbis spiritualium nuptiarum Epithalamium non intelligens, vulneretur*; y Séneca dice: *Teneris in annis haut clara est fides*. Pues ¿cómo me atreviera yo a tomarlo en mis indignas manos, repugnándolo el sexo, la edad y sobre todo las costumbres? Y así confieso que muchas veces este temor me ha quitado la pluma de la mano y ha hecho retroceder los asuntos hacia el mismo entendimiento de quien querían brotar;

el cual inconveniente no topaba en los asuntos profanos, pues una herejía contra el arte no la castiga el Santo Oficio, sino los discretos con risa y los críticos con censura; y ésta, *iusta vel iniusta, timenda non est*, pues deja comulgar y oír misa, por lo cual me da poco o ningún cuidado; porque, según la misma decisión de los que lo calumnian, ni tengo obligación para saber ni aptitud para acertar; luego, si lo yerro, ni es culpa ni es descrédito. No es culpa, porque no tengo obligación; no es descrédito, pues no tengo posibilidad de acertar, y *ad impossibilia nemo tenetur*. Y, a la verdad, yo nunca he escrito sino violentada y forzada y sólo por dar gusto a otros; no sólo sin complacencia, sino con positiva repugnancia, porque nunca he juzgado de mí que tenga el caudal de letras e ingenio que pide la obligación de quien escribe; y así es la ordinaria respuesta a los que me instan, y más si es asunto sagrado: ¿qué entendimiento tengo yo, qué estudio, qué materiales, ni qué noticias para eso, sino cuatro bachillerías superficiales? Dejen eso para quien lo entienda, que yo no quiero ruido con el Santo Oficio, que soy ignorante y tiemblo de decir alguna proposición malsonante o torcer la genuina inteligencia de algún lugar. Yo no estudio para escribir, ni menos para enseñar (que fuera en mí desmedida soberbia), sino sólo por ver si con estudiar ignoro menos. Así lo respondo y así lo siento.

El escribir nunca ha sido dictamen propio, sino fuerza ajena; que les pudiera decir con verdad: *Vos me coegistis*. Lo que sí es verdad que no negaré (lo uno porque es notorio a todos, y lo otro porque, aunque sea contra mí, me ha hecho Dios la merced de darme grandísimo amor a la verdad) es que desde que me rayó la primera luz de la razón, fue tan vehemente y poderosa la inclinación a las letras, que ni ajenas reprensiones —que he tenido muchas—, ni propias reflejas —que he hecho no pocas—, han bastado a que deje de seguir este natural impulso que Dios puso en mí: Su Majestad sabe por qué y para qué; y sabe que le he pedido que apague la luz de mi entendimiento dejando sólo lo que baste para guardar su Ley, pues lo demás sobra, según algunos, en una mujer; y aun hay quien diga que daña. Sabe también Su Majestad que no consiguiendo esto, he intentado sepultar con mi nombre mi entendimiento, y sacrificársele sólo a quien me le dio; y que no otro motivo me entró en religión, no obstante que al desembarazo y quietud que pedía mi estudiosa intención eran repugnantes los ejercicios y compañía de una comunidad; y después, en ella, sabe el Señor, y lo sabe en el mundo quien sólo lo debió saber, lo que intenté en orden a esconder mi nombre, y que no me lo permitió, diciendo que era tentación; y sí sería. Si yo pudiera pagaros algo de lo que os debo, Señora mía, creo que sólo os pagara en contaros esto, pues no ha salido de mi boca jamás, excepto para quien debió salir. Pero quiero que con haberos franqueado de par en par las puertas de mi corazón, haciéndoos patentes sus más sellados secretos, conozcáis que no desdice de mi confianza lo que debo a vuestra venerable persona y excesivos favores.

Prosiguiendo en la narración de mi inclinación, de que os quiero dar entera noticia, digo que no había cumplido los tres años de mi edad cuando enviando mi madre a una hermana mía, mayor que yo, a que se enseñase a leer en una de las que llaman Amigas, me llevó a mí tras ella el cariño y la travesura; y viendo que la daban lección, me encendí yo de manera en el deseo de saber leer, que engañando, a mi parecer, a la maestra, la dije que mi madre ordenaba me diese lección. Ella no lo creyó, porque no era creíble; pero, por complacer al donaire, me la dio.

Proseguí yo en ir y ella prosiguió en enseñarme, ya no de burlas, porque la desengañó la experiencia; y supe leer en tan breve tiempo, que ya sabía cuando lo supo mi madre, a quien la maestra lo ocultó por darle el gusto por entero y recibir el galardón por junto; y yo lo callé, creyendo que me azotarían por haberlo hecho sin orden. Aún vive la que me enseñó (Dios la guarde), y puede testificarlo.

Acuérdome que en estos tiempos, siendo mi golosina la que es ordinaria en aquella edad, me abstenía de comer queso, porque oí decir que hacía rudos, y podía conmigo más el deseo de saber que el de comer, siendo éste tan poderoso en los niños. Teniendo yo después como seis o siete años, y sabiendo ya leer y escribir, con todas las otras habilidades de labores y costuras que deprenden las mujeres, oí decir que había Universidad y Escuelas en que se estudiaban las ciencias, en Méjico; y apenas lo oí cuando empecé a matar a mi madre con instantes e importunos ruegos sobre que, mudándome el traje, me enviase a Méjico, en casa de unos deudos que tenía, para estudiar y cursar la Universidad; ella no lo quiso hacer, e hizo muy bien, pero yo despiqué el deseo en leer muchos libros varios que tenía mi abuelo, sin que bastasen castigos ni reprensiones a estorbarlo; de manera que cuando vine a Méjico, se admiraban, no tanto del ingenio, cuanto de la memoria y noticias que tenía en edad que parecía que apenas había tenido tiempo para aprender a hablar.

Empecé a deprender gramática, en que creo no llegaron a veinte las lecciones que tomé; y era tan intenso mi cuidado, que siendo así que en las mujeres —y más en tan florida juventud— es tan apreciable el adorno natural del cabello, yo me cortaba de él cuatro o seis dedos, midiendo hasta dónde llegaba antes, e imponiéndome ley de que si cuando volviese a crecer hasta allí no sabía tal o tal cosa que me había propuesto deprender en tanto que crecía, me lo había de volver a cortar en pena de la rudeza. Sucedía así que él crecía y yo no sabía lo propuesto, porque el pelo crecía aprisa y yo aprendía despacio, y con efecto le cortaba en pena de la rudeza: que no me parecía razón que estuviese vestida de cabellos cabeza que estaba tan desnuda de noticias, que era más apetecible adorno. Entréme religiosa, porque aunque conocía que tenía el estado cosas (de las accesorias hablo, no de las formales), muchas repugnantes a mi genio, con todo, para la total negación que tenía al matrimonio, era lo menos desproporcionado y lo más decente que podía elegir en materia de la seguridad que deseaba de mi salvación; a cuyo primer respeto (como al fin más importante) cedieron y sujetaron la cerviz todas las impertinencillas de mi genio, que eran de querer vivir sola; de no querer tener ocupación obligatoria que embarazase la libertad de mi estudio, ni rumor de comunidad que impidiese el sosegado silencio de mis libros. Esto me hizo vacilar algo en la determinación, hasta que alumbrándome personas doctas de que era tentación, la vencí con el favor divino, y tomé el estado que tan indignamente tengo. Pensé yo que huía de mí misma, pero ¡miserable de mí! Trájeme a mí conmigo y traje mi mayor enemigo en esta inclinación, que no sé determinar si por prenda o castigo me dio el Cielo, pues de apagarse o embarazarse con tanto ejercicio que la religión tiene, reventaba como pólvora, y se verificaba en mí el *privatio est causa appetitus*.

Volví (mal dije, pues nunca cesé); proseguí, digo, a la estudiosa tarea (que para mí era descanso en todos los ratos que sobraban a mi obligación) de leer y más leer, de estudiar y más estudiar, sin más maestro que los mismos libros. Ya se ve cuán duro es estudiar en aquellos caracteres sin alma, careciendo de la voz viva y explicación del maestro; pues todo este trabajo sufría yo muy gustosa por amor de las letras. ¡Oh, si hubiese sido por amor de Dios, que era lo acertado, cuánto hubiera merecido! Bien que yo procuraba elevarlo cuanto podía y dirigirlo a su servicio, porque el fin a que aspiraba era a estudiar Teología, pareciéndome menguada inhabilidad, siendo católica, no saber todo lo que en esta vida se puede alcanzar, por medios naturales, de los divinos misterios; y que siendo monja y no seglar, debía, por el estado eclesiástico, profesar letras; y más siendo hija de un San Jerónimo y de una Santa Paula, que era degenerar de tan doctos padres ser idiota la hija. Esto me proponía yo de mí misma y me parecía razón; si no es que era (y eso es lo más cierto) lisonjear y aplaudir a mi propia inclinación, proponiéndola como obligatorio su propio gusto.

Con esto proseguí, dirigiendo siempre, como he dicho, los pasos de mi estudio a la cumbre de la Sagrada Teología; pareciéndome preciso, para llegar a ella, subir por los escalones de las ciencias y artes humanas; porque ¿cómo entenderá el estilo de la Reina de las Ciencias quien aún no sabe el de las ancilas? ¿Cómo sin

Lógica sabría yo los métodos generales y particulares con que está escrita la Sagrada Escritura? ¿Cómo sin Retórica entendería sus figuras, tropos y locuciones? ¿Cómo sin Física, tantas cuestiones naturales de las naturalezas de los animales de los sacrificios, donde se simbolizan tantas cosas ya declaradas, y otras muchas que hay? ¿Cómo si el sanar Saúl al sonido del arpa de David fue virtud y fuerza natural de la música, o sobrenatural que Dios quiso poner en David? ¿Cómo sin Aritmética se podrán entender tantos cómputos de años, de días, de meses, de horas, de hebdómadas tan misteriosas como las de Daniel, y otras para cuya inteligencia es necesario saber las naturalezas, concordancias y propiedades de los números? ¿Cómo sin Geometría se podrán medir el Arca Santa del Testamento y la Ciudad Santa de Jerusalén, cuyas misteriosas mensuras hacen un cubo con todas sus dimensiones, y aquel repartimiento proporcional de todas sus partes tan maravilloso? ¿Cómo sin Arquitectura, el gran Templo de Salomón, donde fue el mismo Dios el artífice que dio la disposición y la traza, y el Sabio Rey sólo fue sobrestante que la ejecutó; donde no había basa sin misterio, columna sin símbolo, cornisa sin alusión, arquitrabe sin significado;

y así de otras sus partes, sin que el más mínimo filete estuviese sólo por el servicio y complemento del Arte, sino simbolizando cosas mayores? ¿Cómo sin grande conocimiento de reglas y partes de que consta la Historia se entenderán los libros historiales? Aquellas recapitulaciones en que muchas veces se pospone en la narración lo que en el hecho sucedió primero. ¿Cómo sin grande noticia de ambos Derechos podrán entenderse los libros legales? ¿Cómo sin grande erudición tantas cosas de historias profanas, de que hace mención la Sagrada Escritura; tantas costumbres de gentiles, tantos ritos, tantas maneras de hablar? ¿Cómo sin muchas reglas y lección de Santos Padres se podrá entender la oscura locución de los Profetas? Pues sin ser muy perito en la Música, ¿cómo se entenderán aquellas proporciones musicales y sus primores que hay en tantos lugares, especialmente en aquellas peticiones que hizo a Dios Abraham, por las Ciudades, de que si perdonaría habiendo cincuenta justos, y de este número bajó a cuarenta y cinco, que es sesquinona y es como de mi a re; de aquí a cuarenta, que es sesquioctava y es como de re a mi; de aquí a treinta, que es sesquitercia, que es la del diatesarón; de aquí a veinte, que es la proporción sesquiáltera, que es la del diapente; de aquí a diez, que es la dupla, que es el diapasón; y como no hay más proporciones armónicas no pasó de ahí? Pues ¿cómo se podrá entender esto sin Música? Allá en el Libro de Job le dice Dios: *Numquid coniungere valebis micantes stellas Pleiadas, aut gyrum Arcturi poteris dissipare? Numquid producis Luciferum in tempore suo, et Vesperum super filios terrae consurgere facis?*, cuyos términos, sin noticia de Astrología, será imposible entender. Y no sólo estas nobles ciencias; pero no hay arte mecánica que no se mencione. Y en fin, cómo el Libro que comprende todos los libros, y la Ciencia en que se incluyen todas las ciencias, para cuya inteligencia todas sirven; y después de saberlas todas (que ya se ve que no es fácil, ni aun posible) pide otra circunstancia más que todo lo dicho, que es una continua oración y pureza de vida, para impetrar de Dios aquella purgación de ánimo e iluminación de mente que es menester para la inteligencia de cosas tan altas; y si esto falta, nada sirve de lo demás.

Del Angélico Doctor Santo Tomás dice la Iglesia estas palabras: *In difficultatibus locorum Sacrae Scripturae ad orationem ieiunium adhibebat. Quin etiam sodali suo Fratri Reginaldo dicere solebat, quidquid sciret, non tam studio, aut labore*

suo peperisse, quam divinitus traditum accepisse.
Pues yo, tan distante de la virtud y las letras,
¿cómo había de tener ánimo para escribir? Y así
por tener algunos principios granjeados, estudiaba continuamente diversas cosas, sin tener
para alguna particular inclinación, sino para todas en general; por lo cual, el haber estudiado
en unas más que en otras, no ha sido en mí
elección, sino que el acaso de haber topado
más a mano libros de aquellas facultades les ha
dado, sin arbitrio mío, la preferencia. Y como
no tenía interés que me moviese, ni límite de
tiempo que me estrechase el continuado estudio de una cosa por la necesidad de los grados,
casi a un tiempo estudiaba diversas cosas o de-
jaba unas por otras; bien que en eso observaba
orden, porque a unas llamaba estudio y a otras
diversión; y en éstas descansaba de las otras: de
donde se sigue que he estudiado muchas cosas
y nada sé, porque las unas han embarazado a
las otras. Es verdad que esto digo de la parte
práctica en las que la tienen, porque claro está
que mientras se mueve la pluma descansa el
compás y mientras se toca el arpa sosiega el ór-
gano, *et sic de caeteris*; porque como es menester
mucho uso corporal para adquirir hábito, nunca le puede tener perfecto quien se reparte en

varios ejercicios; pero en lo formal y especulati-vo sucede al contrario, y quisiera yo persuadir a todos con mi experiencia a que no sólo no es-torban, pero se ayudan dando luz y abriendo camino las unas para las otras, por variaciones y ocultos engarces —que para esta cadena univer-sal les puso la sabiduría de su Autor—, de ma-nera que parece se corresponden y están unidas con admirable trabazón y concierto. Es la cade-na que fingieron los antiguos que salía de la boca de Júpiter, de donde pendían todas las co-sas eslabonadas unas con otras. Así lo demues-tra el R. P. Atanasio Quirqueiro en su curioso libro *De Magnete*. Todas las cosas salen de Dios, que es el centro a un tiempo y la circunferencia de donde salen y donde paran todas las líneas criadas.

Yo de mí puedo asegurar que lo que no en-tiendo en un autor de una facultad, lo suelo entender en otro de otra que parece muy distan-te; y esos propios, al explicarse, abren ejemplos metafóricos de otras artes: como cuando dicen los lógicos que el medio se ha con los términos como se ha una medida con dos cuerpos dis-tantes, para conferir si son iguales o no; y que la oración del lógico anda como la línea recta, por el camino más breve, y la del retórico se mueve, como la corva, por el más largo, pero van a un mismo punto los dos; y cuando dicen que los expositores son como la mano abierta y los escolásticos como el puño cerrado. Y así no es disculpa, ni por tal la doy, el haber estudiado diversas cosas, pues éstas antes se ayudan, sino que el no haber aprovechado ha sido ineptitud mía y debilidad de mi entendimiento, no culpa de la variedad. Lo que sí pudiera ser descargo mío es el sumo trabajo no sólo en carecer de maestro, sino de condiscípulos con quienes conferir y ejercitar lo estudiado, teniendo sólo por maestro un libro mudo, por condiscípulo un tintero insensible; y en vez de explicación y ejercicio muchos estorbos, no sólo los de mis religiosas obligaciones (que éstas ya se sabe cuán útil y provechosamente gastan el tiempo) sino de aquellas cosas accesorias de una comunidad: como estar yo leyendo y antojárseles en la celda vecina tocar y cantar; estar yo estudiando y pelear dos criadas y venirme a constituir juez de su pendencia; estar yo escribiendo y venir una amiga a visitarme, haciéndome muy mala obra con muy buena voluntad, donde es preciso no sólo admitir el embarazo, pero quedar agradecida del perjuicio. Y esto es continuamente, porque como los ratos que destino a mi estudio son los que sobran de lo regular de la comunidad, esos mismos les sobran a las otras para venirme a estorbar; y sólo saben cuánta verdad es ésta los que tienen experiencia de vida común, donde sólo la fuerza de la vocación puede hacer que mi natural esté gustoso, y el mucho amor que hay entre mí y mis amadas hermanas, que como el amor es unión, no hay para él extremos distantes.

En esto sí confieso que ha sido inexplicable mi trabajo; y así no puedo decir lo que con envidia oigo a otros: que no les ha costado afán el saber. ¡Dichosos ellos! A mí, no el saber (que aún no sé), sólo el desear saber me le ha costado tan grande que pudiera decir con mi Padre San Jerónimo (aunque no con su aprovechamiento): *Quid ibi laboris insumpserim, quid sustinuerim difficultatis, quoties desperaverim, quotiesque cessaverim et contentione discendi rursus inceperim; testis est conscientia, tam mea, qui passus sum, quam eorum qui mecum duxerunt vitam.* Menos los compañeros y testigos (que aun de ese alivio he carecido), lo demás bien puedo asegurar con verdad. ¡Y que haya sido tal esta mi negra inclinación, que todo lo haya vencido!

Solía sucederme que, como entre otros beneficios, debo a Dios un natural tan blando y tan afable y las religiosas me aman mucho por él (sin reparar, como buenas, en mis faltas) y con esto gustan mucho de mi compañía, conociendo esto y movida del grande amor que las tengo, con mayor motivo que ellas a mí, gusto más de la suya: así, me solía ir los ratos que a unas y a otras nos sobraban, a consolarlas y recrearme con su conversación. Reparé que en este tiempo hacía falta a mi estudio, y hacía voto de no entrar en celda alguna si no me obligase a ello la obediencia o la caridad: porque, sin este freno tan duro, al de sólo propósito le rompiera el amor; y este voto (conociendo mi fragilidad) le hacía por un mes o por quince días; y dando cuando se cumplía, un día o dos de treguas, lo volvía a renovar, sirviendo este día, no tanto a mi descanso (pues nunca lo ha sido para mí el no estudiar) cuanto a que no me tuviesen por áspera, retirada e ingrata al no merecido cariño de mis carísimas hermanas.

Bien se deja en esto conocer cuál es la fuerza de mi inclinación. Bendito sea Dios que quiso fuese hacia las letras y no hacia otro vicio, que fuera en mí casi insuperable; y bien se infiere también cuán contra la corriente han navegado (o por mejor decir, han naufragado) mis pobres estudios. Pues aún falta por referir lo más arduo de las dificultades; que las de hasta aquí sólo han sido estorbos obligatorios y casuales, que indirectamente lo son; y faltan los positivos que directamente han tirado a estorbar y prohibir el ejercicio. ¿Quién no creerá, viendo tan generales aplausos, que he navegado viento en popa y mar en leche, sobre las palmas de las aclamaciones comunes? Pues Dios sabe que no ha sido muy así, porque entre las flores de esas mismas aclamaciones se han levantado y despertado tales áspides de emulaciones y persecuciones, cuantas no podré contar, y los que más nocivos y sensibles para mí han sido, no son aquellos que con declarado odio y malevolencia me han perseguido, sino los que amándome y deseando mi bien (y por ventura, mereciendo mucho con Dios por la buena intención), me han mortificado y atormentado más que los otros, con aquél: «No conviene a la santa ignorancia que deben, este estudio; se ha de perder, se ha de desvanecer en tanta altura con su misma perspicacia y agudeza». ¿Qué me habrá costado resistir esto? ¡Rara especie de martirio donde yo era el mártir y me era el verdugo! Pues por la —en mí dos veces infeliz— habilidad de hacer versos, aunque fuesen sagrados, ¿qué pesadumbres no me han dado o cuáles no me han dejado de dar? Cierto, señora mía, que algunas veces me pongo a considerar que el que se señala —o le señala Dios, que es quien sólo lo puede hacer— es recibido como enemigo común, porque parece a algunos que usurpa los aplausos que ellos merecen o que hace estanque de las admiraciones a que aspiraban, y así le persiguen.

Aquella ley políticamente bárbara de Atenas, por la cual salía desterrado de su república el que se señalaba en prendas y virtudes porque no tiranizase con ellas la libertad pública, todavía dura, todavía se observa en nuestros tiempos, aunque no hay ya aquel motivo de los atenienses; pero hay otro, no menos eficaz aunque no tan bien fundado, pues parece máxima del impío Maquiavelo: que es aborrecer al que se señala porque desluce a otros. Así sucede y así sucedió siempre.

Y si no, ¿cuál fue la causa de aquel rabioso odio de los fariseos contra Cristo, habiendo tantas razones para lo contrario? Porque si miramos su presencia, ¿cuál prenda más amable que aquella divina hermosura? ¿Cuál más poderosa para arrebatar los corazones? Si cualquiera belleza humana tiene jurisdicción sobre los albedríos y con blanda y apetecida violencia los sabe sujetar, ¿qué haría aquélla con tantas prerrogativas y dotes soberanos? ¿Qué haría, qué movería y qué no haría y qué no movería aquella incomprensible beldad, por cuyo hermoso rostro, como por un terso cristal, se estaban transparentando los rayos de la Divinidad? ¿Qué no movería aquel semblante, que sobre incomparables perfecciones en lo humano, señalaba iluminaciones de divino? Si el de Moisés, de sólo la conversación con Dios, era intolerable a la flaqueza de la vista humana, ¿qué sería el del mismo Dios humanado? Pues si vamos a las demás prendas, ¿cuál más amable que aquella celestial modestia, que aquella suavidad y blandura derramando misericordias en todos sus movimientos, aquella profunda humildad y mansedumbre, aquellas palabras de vida eterna y eterna sabiduría? Pues ¿cómo es posible que esto no les arrebatara las almas, que no fuesen enamorados y elevados tras él?

Dice la Santa Madre y madre mía Teresa, que después que vio la hermosura de Cristo quedó libre de poderse inclinar a criatura alguna, porque ninguna cosa veía que no fuese fealdad, comparada con aquella hermosura. Pues ¿cómo en los hombres hizo tan contrarios efectos? Y ya que como toscos y viles no tuvieran conocimiento ni estimación de sus perfecciones, siquiera como interesables ¿no les moviera sus propias conveniencias y utilidades en tantos beneficios como les hacía, sanando los enfermos, resucitando los muertos, curando los endemoniados? Pues ¿cómo no le amaban? ¡Ay Dios, que por eso mismo no le amaban, por eso mismo le aborrecían! Así lo testificaron ellos mismos.

Júntanse en su concilio y dicen: *Quid facimus, quia hic homo multa signa facit?* ¿Hay tal causa? Si dijeran: éste es un malhechor, un transgresor de la ley, un alborotador que con engaños alborota el pueblo, mintieran, como mintieron cuando lo decían; pero eran causales más congruentes a lo que solicitaban, que era quitarle la vida; mas dar por causal que hace cosas señaladas, no parece de hombres doctos, cuales eran los fariseos. Pues así es, que cuando se apasionan los hombres doctos prorrumpen en semejantes inconsecuencias. En verdad que sólo por eso salió determinado que Cristo muriese. Hombres, si es que así se os puede llamar, siendo tan brutos, ¿por qué es esa tan cruel determinación? No responden más sino que *multa signa facit.* ¡Válgame Dios, que el hacer cosas señaladas es causa para que uno muera! Haciendo reclamo este *multa signa facit* a aquél: *radix Iesse, qui stat in signum populorum*, y al otro: *in signum cui contradicetur*. ¿Por signo? ¡Pues muera! ¿Señalado? ¡Pues padezca, que eso es el premio de quien se señala!

Suelen en la eminencia de los templos colocarse por adorno unas figuras de los Vientos y de la Fama, y por defenderlas de las aves, las llenan todas de púas; defensa parece y no es sino propiedad forzosa: no puede estar sin púas que la puncen quien está en alto. Allí está la ojeriza del aire; allí es el rigor de los elementos; allí despican la cólera los rayos; allí es el blanco de piedras y flechas. ¡Oh infeliz altura, expuesta a tantos riesgos! ¡Oh signo que te ponen por blanco de la envidia y por objeto de la contradicción! Cualquiera eminencia, ya sea de dignidad, ya de nobleza, ya de riqueza, ya de hermosura, ya de ciencia, padece esta pensión; pero la que con más rigor la experimenta es la del entendimiento. Lo primero, porque es el más indefenso, pues la riqueza y el poder castigan a quien se les atreve, y el entendimiento no, pues mientras es mayor es más modesto y sufrido y se defiende menos. Lo segundo es porque, como dijo doctamente Gracián, las ventajas en el entendimiento lo son en el ser. No por otra razón es el ángel más que el hombre que porque entiende más; no es otro el exceso que el hombre hace al bruto, sino solo entender; y así como ninguno quiere ser menos que otro, así ninguno confiesa que otro entiende más, porque es consecuencia del ser más. Sufrirá uno y confesará que otro es más noble que él, que es más rico, que es más hermoso y aun que es más docto; pero que es más entendido apenas habrá quien lo confiese: *Rarus est, qui velit cedere ingenio.* Por eso es tan eficaz la batería contra esta prenda.

Cuando los soldados hicieron burla, entretenimiento y diversión de Nuestro Señor Jesucristo, trajeron una púrpura vieja y una caña hueca y una corona de espinas para coronarle por rey de burlas. Pues ahora, la caña y la púrpura eran afrentosas, pero no dolorosas; pues ¿por qué sólo la corona es dolorosa? ¿No basta que, como las demás insignias, fuese de escarnio e ignominia, pues ése era el fin? No, porque la sagrada cabeza de Cristo y aquel divino cerebro eran depósito de la sabiduría; y cerebro sabio en el mundo no basta que esté escarnecido, ha de estar también lastimado y maltratado; cabeza que es erario de sabiduría no espere otra corona que de espinas. ¿Cuál guirnalda espera la sabiduría humana si ve la que obtuvo la divina? Coronaba la soberbia romana las diversas hazañas de sus capitanes también con diversas coronas: ya con la cívica al que defendía al ciudadano; ya con la castrense al que entraba en los reales enemigos; ya con la mural al que escalaba el muro; ya con la obsidional al que libraba la ciudad cercada o el ejército sitiado o el campo o en los reales; ya con la naval, ya con la oval, ya con la triunfal otras hazañas, según refieren Plinio y Aulo Gelio; mas viendo yo tantas diferencias de coronas, dudaba de cuál especie sería la de Cristo, y me parece que fue obsidional, que (como sabéis, Señora) era la más honrosa y se llamaba obsidional de *obsidio*, que quiere decir cerco; la cual no se hacía de oro ni de plata, sino de la misma grama o yerba que cría el campo en que se hacía la empresa. Y como la hazaña de Cristo fue hacer levantar el cerco al Príncipe de las Tinieblas, el cual tenía sitiada toda la tierra, como lo dice en el Libro de Job: *Circuivi terram et ambulavi per eam* y de él dice San Pedro: *Circuit, quaerens quem devoret*; y vino nuestro caudillo y le hizo levantar el cerco: *Nunc princeps huius mundi eiicietur foras*, así los soldados le coronaron no con oro ni plata, sino con el fruto natural que producía el mundo que fue el campo de la lid, el cual, después de la maldición, *spinas et tribulos germinabit tibi*, no producía otra cosa que espinas; y así fue proprísima corona de ellas en el valeroso y sabio vencedor con que le coronó su madre la Sinagoga; saliendo a ver el doloroso triunfo, como al del otro Salomón festivas, a éste llorosas las hijas de Sión, porque es el triunfo de sabio obtenido con dolor y celebrado con llanto, que es el modo de triunfar la sabiduría; siendo Cristo, como rey de ella, quien estrenó la corona, porque santificada en sus sienes, se quite el horror a los otros sabios y entiendan que no han de aspirar a otro honor.

Quiso la misma Vida ir a dar la vida a Lázaro difunto; ignoraban los discípulos el intento y le replicaron: *Rabbi, nunc quaerebant te Iudaei lapidare, et iterum vadis illuc?* Satisfizo el Redentor el temor: *Nonne duodecim sunt horae diei?* Hasta aquí, parece que temían porque tenían el antecedente de quererle apedrear porque les había reprendido llamándoles ladrones y no pastores de las ovejas. Y así, temían que si iba a lo mismo (como las reprensiones, aunque sean tan justas, suelen ser mal reconocidas), corriese peligro su vida; pero ya desengañados y enterados de que va a dar vida a Lázaro, ¿cuál es la razón que pudo mover a Tomás para que tomando aquí los alientos que en el huerto Pedro: *Eamus et nos, ut moria-mur cum eo?* ¿Qué dices, apóstol santo? A morir no va el Señor, ¿de qué es el recelo? Porque a lo que Cristo va no es a reprender, sino a hacer una obra de piedad, y por esto no le pueden hacer mal. Los mismos judíos os podían haber asegurado, pues cuando los reconvino, queriéndole apedrear: *Multa bona opera ostendi vobis ex Patre meo, propter quod eorum opus me lapidatis?*, le respondieron: *De bono opere non lapidamus te, sed de blasphemia.* Pues si ellos dicen que no le quieren apedrear por las buenas obras y ahora va a hacer una tan buena como dar la vida a Lázaro, ¿de qué es el recelo o por qué? ¿No fuera mejor decir: Vamos a gozar el fruto del agradecimiento de la buena obra que va a hacer nuestro Maestro; a verle aplaudir y rendir gracias al beneficio; a ver las admiraciones que hacen del milagro? Y no decir, al parecer una cosa tan fuera del caso como es: *Eamus et nos, ut moriamur cum eo.* Mas ¡ay! que el Santo temió como discreto y habló como apóstol. ¿No va Cristo a hacer un milagro? Pues ¿qué mayor peligro? Menos intolerable es para la soberbia oír las reprensiones, que para la envidia ver los milagros. En todo lo dicho, venerable Señora, no quiero (ni tal desatino cupiera en mí) decir que me han perseguido por saber, sino sólo porque he tenido amor a la sabiduría y a las letras, no porque haya conseguido ni uno ni otro.

Hallábase el Príncipe de los Apóstoles, en un tiempo, tan distante de la sabiduría como pondera aquel enfático: *Petrus vero sequebatur eum a longe*; tan lejos de los aplausos de docto quien tenía el título de indiscreto: *Nesciens quid diceret*; y aun examinado del conocimiento de la sabiduría dijo él mismo que no había alcanzado la menor noticia: *Mulier, nescio quid dicis. Mulier, non novi illum.* Y ¿qué le sucede? Que teniendo estos créditos de ignorante, no tuvo la fortuna, sí las aflicciones, de sabio. ¿Por qué? No se dio otra causal sino: *Et hic cum illo erat.* Era afecto a la sabiduría, llevábale el corazón, andábase tras ella, preciábase de seguidor y amoroso de la sabiduría; y aunque era tan *a longe* que no le comprendía ni alcanzaba, bastó para incurrir sus tormentos. Ni faltó soldado de fuera que no le afligiese, ni mujer doméstica que no le aquejase. Yo confieso que me hallo muy distante de los términos de la sabiduría y que la he deseado seguir, aunque *a longe*. Pero todo ha sido acercarme más al fuego de la persecución, al crisol del tormento; y ha sido con tal extremo que han llegado a solicitar que se me prohíba el estudio.

Una vez lo consiguieron una prelada muy santa y muy cándida que creyó que el estudio era cosa de Inquisición y me mandó que no estudiase. Yo la obedecí (unos tres meses que duró el poder ella mandar) en cuanto a no tomar libro, que en cuanto a no estudiar absolutamente, como no cae debajo de mi potestad, no lo pude hacer, porque aunque no estudiaba en los libros, estudiaba en todas las cosas que Dios crio, sirviéndome ellas de letras, y de libro toda esta máquina universal. Nada veía sin refleja; nada oía sin consideración, aun en las cosas más menudas y materiales; porque como no hay criatura, por baja que sea, en que no se conozca el *me fecit Deus*, no hay alguna que no pasme el entendimiento, si se considera como se debe. Así yo, vuelvo a decir, las miraba y admiraba todas; de tal manera que de las mismas personas con quienes hablaba, y de lo que me decían, me estaban resaltando mil consideraciones: ¿De dónde emanaría aquella variedad de genios e ingenios, siendo todos de una especie? ¿Cuáles serían los temperamentos y ocultas cualidades que lo ocasionaban? Si veía una figura, estaba combinando la proporción de sus líneas y mediándola con el entendimiento y reduciéndola a otras diferentes. Paseábame algunas veces en el testero de un dormitorio nuestro (que es una pieza muy capaz) y estaba observando que siendo las líneas de sus dos lados paralelas y su techo a nivel, la vista fingía que sus líneas se inclinaban una a otra y que su techo estaba más bajo en lo distante que en lo próximo: de donde infería que las líneas visuales corren rectas, pero no paralelas, sino que van a formar una figura piramidal. Y discurría si sería ésta la razón que obligó a los antiguos a dudar si el mundo era esférico o no. Porque, aunque lo parece, podía ser engaño de la vista, demostrando concavidades donde pudiera no haberlas.

Este modo de reparos en todo me sucedía y sucede siempre, sin tener yo arbitrio en ello, que antes me suelo enfadar porque me cansa la cabeza; y yo creía que a todos sucedía esto mismo y el hacer versos, hasta que la experiencia me ha mostrado lo contrario; y es de tal manera esta naturaleza o costumbre, que nada veo sin segunda consideración. Estaban en mi presencia dos niñas jugando con un trompo, y apenas yo vi el movimiento y la figura, cuando empecé, con esta mi locura, a considerar el fácil moto de la forma esférica, y cómo duraba el impulso ya impreso e independiente de su causa, pues distante la mano de la niña, que era la causa motiva, bailaba el trompillo; y no contenta con esto, hice traer harina y cernerla para que, en bailando el trompo encima, se conociese si eran círculos perfectos o no los que describía con su movimiento; y hallé que no eran sino unas líneas espirales que iban perdiendo lo circular cuanto se iba remitiendo el impulso. Jugaban otras a los alfileres (que es el más frívolo juego que usa la puerilidad); yo me llegaba a contemplar las figuras que formaban; y viendo que acaso se pusieron tres en triángulo, me ponía a enlazar uno en otro, acordándome de que aquélla era la figura que dicen tenía el misterioso anillo de Salomón, en que había unas lejanas luces y representaciones de la Santísima Trinidad, en virtud de lo cual obraba tantos prodigios y maravillas; y la misma que dicen tuvo el arpa de David, y que por eso sanaba Saúl a su sonido; y casi la misma conservan las arpas en nuestros tiempos.

Pues ¿qué os pudiera contar, Señora, de los secretos naturales que he descubierto estando guisando? Veo que un huevo se une y fríe en la manteca o aceite y, por contrario, se despedaza en el almíbar; ver que para que el azúcar se conserve fluida basta echarle una muy mínima parte de agua en que haya estado membrillo u otra fruta agria; ver que la yema y clara de un mismo huevo son tan contrarias, que en los unos, que sirven para el azúcar, sirve cada una de por sí y juntos no. Por no cansaros con tales frialdades, que sólo refiero por daros entera noticia de mi natural y creo que os causará risa; pero, Señora, ¿qué podemos saber las mujeres sino filosofías de cocina? Bien dijo Lupercio Leonardo, que bien se puede filosofar y aderezar la cena. Y yo suelo decir viendo estas cosillas: Si Aristóteles hubiera guisado, mucho más hubiera escrito. Y prosiguiendo en mi modo de cogitaciones, digo que esto es tan continuo en mí, que no necesito de libros; y en una ocasión que, por un grave accidente de estómago, me prohibieron los médicos el estudio, pasé así algunos días, y luego les propuse que era menos dañoso el concedérmelos, porque eran tan fuertes y vehementes mis cogitaciones, que consumían más espíritus en un cuarto de hora que el estudio de los libros en cuatro días; y así se redujeron a concederme que leyese; y más, Señora mía, que ni aun el sueño se libró de este continuo movimiento de mi imaginativa; antes suele obrar en él más libre y desembarazada, confiriendo con mayor claridad y sosiego las especies que ha conservado del día, arguyendo, haciendo versos, de que os pudiera hacer un catálogo muy grande, y de algunas razones y delgadezas que he alcanzado dormida mejor que despierta, y las dejo por no cansaros, pues basta lo dicho para que vuestra discreción y trascendencia penetre y se entere perfectamente en todo mi natural y del principio, medios y estado de mis estudios.

Si éstos, Señora, fueran méritos (como los veo por tales celebrar en los hombres), no lo hubieran sido en mí, porque obro necesariamente. Si son culpa, por la misma razón creo que no la he tenido; mas, con todo, vivo siempre tan desconfiada de mí, que ni en esto ni en otra cosa me fío de mi juicio; y así remito la decisión a ese soberano talento, sometiéndome luego a lo que sentenciare, sin contradición ni repugnancia, pues esto no ha sido más de una simple narración de mi inclinación a las letras.

Confieso también que con ser esto verdad tal que, como he dicho, no necesitaba de ejemplares, con todo no me han dejado de ayudar los muchos que he leído, así en divinas como en humanas letras. Porque veo a una Débora dando leyes, así en lo militar como en lo político, y gobernando el pueblo donde había tantos varones doctos. Veo una sapientísima Reina de Sabá, tan docta que se atreve a tentar con enigmas la sabiduría del mayor de los sabios, sin ser por ello reprendida, antes por ello será juez de los incrédulos. Veo tantas y tan insignes mujeres: unas adornadas del don de profecía, como una Abigaíl; otras de persuasión, como Ester; otras, de piedad, como Rahab; otras de perseverancia, como Ana, madre de Samuel; y otras infinitas, en otras especies de prendas y virtudes.

Si revuelvo a los gentiles, lo primero que encuentro es con las Sibilas, elegidas de Dios para profetizar los principales misterios de nuestra Fe; y en tan doctos y elegantes versos que suspenden la admiración. Veo adorar por diosa de las ciencias a una mujer como Minerva, hija del primer Júpiter y maestra de toda la sabiduría de Atenas. Veo una Pola Argentaria, que ayudó a Lucano, su marido, a escribir la gran Batalla Farsálica. Veo a la hija del divino Tiresias, más docta que su padre. Veo a una Cenobia, reina de los Palmirenos, tan sabia como valerosa. A una Arete, hija de Aristipo, doctísima. A una Nicostrata, inventora de las letras latinas y eruditísima en las griegas. A una Aspasia Milesia, que enseñó filosofía y retórica y fue maestra del filósofo Pericles. A una Hipasia que enseñó astrología y leyó mucho tiempo en Alejandría.

A una Leoncia, griega, que escribió contra el fi-lósofo Teofrasto y le convenció. A una Jucia, a una Corina, a una Cornelia; y en fin a toda la gran turba de las que merecieron nombres, ya de griegas, ya de musas, ya de pitonisas; pues todas no fueron más que mujeres doctas, teni-das y celebradas y también veneradas de la anti-güedad por tales. Sin otras infinitas, de que es-tán los libros llenos, pues veo aquella egipcíaca Catarina, leyendo y convenciendo todas las sa-bidurías de los sabios de Egipto. Veo una Ger-trudis leer, escribir y enseñar. Y para no buscar ejemplos fuera de casa, veo una santísima madre mía, Paula, docta en las lenguas hebrea, griega y latina y aptísima para interpretar las Escrituras. ¿Y qué más que siendo su cronista un Máximo Jerónimo, apenas se hallaba el Santo digno de serlo? Pues con aquella viva ponderación y enérgica eficacia con que sabe explicarse dice: «Si todos los miembros de mi cuerpo fuesen lenguas, no bastarían a publicar la sabiduría y virtud de Paula». Las mismas alabanzas le me-reció Blesila, viuda; y las mismas la esclarecida virgen Eustoquio, hijas ambas de la misma San-ta; y la segunda, tal, que por su ciencia era llama-da «Prodigio del Mundo». Fabiola, romana, fue también doctísima en la Sagrada Escritura. Proba

Falconia, mujer romana, escribió un elegante libro con centones de Virgilio, de los misterios de Nuestra Santa Fe. Nuestra Reina Doña Isabel, mujer del décimo Alfonso, es corriente que escribió de astrología. Sin otras que omito por no trasladar lo que otros han dicho (que es vicio que siempre he abominado), pues en nuestros tiempos está floreciendo la gran Cristina Alejandra, Reina de Suecia, tan docta como valerosa y magnánima, y las Excelentísimas señoras Duquesa de Aveyro y Condesa de Villaumbrosa.

El venerable Doctor Arce (digno profesor de Escritura por su virtud y letras), en su *Studioso Bibliorum* excita esta cuestión: *An liceat foeminis sacrorum Bibliorum studio incumbere? Eaque interpretari?* Y trae por la parte contraria muchas sentencias de santos, en especial aquello del Apóstol: *Mulieres in Ecclesiis taceant, non enim permittitur eis loqui,* etc. Trae después otras sentencias, y del mismo Apóstol aquel lugar *ad Titum: Anus similiter in habitu sancto, bene docentes,* con interpretaciones de los Santos Padres; y al fin resuelve, con su prudencia, que el leer públicamente en las cátedras y predicar en los púlpitos, no es lícito a las mujeres; pero que el estudiar, escribir y enseñar privadamente, no sólo les es lícito, pero muy provechoso y útil;

claro está que esto no se debe entender con todas, sino con aquellas a quienes hubiere Dios
dotado de especial virtud y prudencia y que
fueren muy provectas y eruditas y tuvieren el
talento y requisitos necesarios para tan sagrado
empleo. Y esto es tan justo que no sólo a las
mujeres, que por tan ineptas están tenidas, sino
a los hombres, que con sólo serlo piensan que
son sabios, se había de prohibir la interpreta-
ción de las Sagradas Letras, en no siendo muy
doctos y virtuosos y de ingenios dóciles y bien
inclinados; porque de lo contrario creo yo que
han salido tantos sectarios y que ha sido la raíz
de tantas herejías; porque hay muchos que estudian para ignorar, especialmente los que son
de ánimos arrogantes, inquietos y soberbios,
amigos de novedades en la Ley (que es quien
las rehúsa); y así hasta que por decir lo que nadie
ha dicho dicen una herejía, no están contentos.
De éstos dice el Espíritu Santo: *In malevolam ani-
mam non introibit sapientia*. A éstos, más daño
les hace el saber que les hiciera el ignorar.
Dijo un discreto que no es necio entero el que
no sabe latín, pero el que lo sabe está califica-
do. Y añado yo que le perfecciona (si es perfec-
ción la necedad) el haber estudiado su poco
de filosofía y teología y el tener alguna noticia

de lenguas, que con eso es necio en muchas ciencias y lenguas: porque un necio grande no cabe en sólo la lengua materna.

A éstos, vuelvo a decir, hace daño el estudiar, porque es poner espada en manos del furioso; que siendo instrumento nobilísimo para la defensa, en sus manos es muerte suya y de muchos. Tales fueron las Divinas Letras en poder del malvado Pelagio y del protervo Arrio, del malvado Lutero y de los demás heresiarcas, como lo fue nuestro Doctor (nunca fue nuestro ni doctor) Cazalla; a los cuales hizo daño la sabiduría porque, aunque es el mejor alimento y vida del alma, a la manera que en el estómago mal acomplexionado y de viciado calor, mientras mejores los alimentos que recibe, más áridos, fermentados y perversos son los humores que cría, así estos malévolos, mientras más estudian, peores opiniones engendran; obstrúyeseles el entendimiento con lo mismo que había de alimentarse, y es que estudian mucho y digieren poco, sin proporcionarse al vaso limitado de sus entendimientos. A esto dice el Apóstol: *Dico enim per gratiam quae data est mihi, omnibus qui sunt inter vos: Non plus sapere quam oportet sapere, sed sapere ad sobrietatem: et unicuique sicut Deus divisit mensuram fidei.* Y en verdad no lo dijo el

Apóstol a las mujeres, sino a los hombres; y que no es sólo para ellas el *taceant*, sino para todos los que no fueren muy aptos. Querer yo saber tanto o más que Aristóteles o que San Agustín, si no tengo la aptitud de San Agustín o de Aristóteles, aunque estudie más que los dos, no sólo no lo conseguiré sino que debilitaré y entorpeceré la operación de mi flaco entendimiento con la desproporción del objeto.

¡Oh si todos —y yo la primera, que soy una ignorante— nos tomásemos la medida al talento antes de estudiar, y lo peor es, de escribir con ambiciosa codicia de igualar y aun de exceder a otros, qué poco ánimo nos quedara y de cuántos errores nos excusáramos y cuántas torcidas inteligencias que andan por ahí no anduvieran! Y pongo las mías en primer lugar, pues si conociera, como debo, esto mismo no escribiera. Y protesto que sólo lo hago por obedeceros; con tanto recelo, que me debéis más en tomar la pluma con este temor, que me debiérades si os remitiera más perfectas obras. Pero, bien que va a vuestra corrección; borradlo, rompedlo y reprendedme, que eso apreciaré yo más que todo cuanto vano aplauso me pueden otros dar: *Corripiet me iustus in misericordia, et increpabit: oleum autem peccatoris non impinguet caput meum.*

Y volviendo a nuestro Arce, digo que trae en confirmación de su sentir aquellas palabras de mi Padre San Jerónimo (*ad Laetam, de institutione filiae*), donde dice: *Adhuc tenera lingua psalmis dulcibus imbuatur. Ipsa nomina per quae consuescit paulatim verba contexere; non sint fortuita, sed certa, et coacervata de industria. Prophetarum videlicet, atque Apostolorum, et omnis ab Adam Patriarcharum series, de Matthaeo, Lucaque descendat, ut dum aliud agit, futurae memoriae praeparetur. Reddat tibi pensum quotidie, de Scripturarum floribus carptum.* Pues si así quería el Santo que se educase una niña que apenas empezaba a hablar, ¿qué querrá en sus monjas y en sus hijas espirituales? Bien se conoce en las referidas Eustoquio y Fabiola y en Marcela, su hermana Pacátula y otras a quienes el Santo honra en sus epístolas, exhortándolas a este sagrado ejercicio, como se conoce en la citada epístola donde noté yo aquel *reddat tibi pensum*, que es reclamo y concordante del *bene docentes* de San Pablo; pues el *reddat tibi* de mi gran Padre da a entender que la maestra de la niña ha de ser la misma Leta, su madre.

¡Oh cuántos daños se excusaran en nuestra república si las ancianas fueran doctas como Leta, y que supieran enseñar como manda San

Pablo y mi Padre San Jerónimo! Y no que por defecto de esto y la suma flojedad en que han dado en dejar a las pobres mujeres, si algunos padres desean doctrinar más de lo ordinario a sus hijas, les fuerza la necesidad y falta de ancianas sabias a llevar maestros hombres a enseñar a leer, escribir y contar, a tocar y otras habilidades, de que no pocos daños resultan, como se experimentan cada día en lastimosos ejemplos de desiguales consorcios, porque con la inmediación del trato y la comunicación del tiempo, suele hacerse fácil lo que no se pensó ser posible. Por lo cual, muchos quieren más dejar bárbaras e incultas a sus hijas que no exponerlas a tan notorio peligro como la familiaridad con los hombres, lo cual se excusara si hubiera ancianas doctas, como quiere San Pablo, y de unas en otras fuese sucediendo el magisterio como sucede en el de hacer labores y lo demás que es costumbre.

Porque ¿qué inconveniente tiene que una mujer anciana, docta en letras y de santa conversación y costumbres, tuviese a su cargo la educación de las doncellas? Y no que éstas o se pierden por falta de doctrina o por querérsela aplicar por tan peligrosos medios cuales son los maestros hombres, que cuando no hubiera más riesgo que la indecencia de sentarse al lado de una mujer verecunda (que aun se sonrosea de que la mire a la cara su propio padre) un hombre tan extraño, a tratarla con casera familiaridad y a tratarla con magistral llaneza, el pudor del trato con los hombres y de su conversación basta para que no se permitiese. Y no hallo yo que este modo de enseñar de hombres a mujeres pueda ser sin peligro, si no es en el severo tribunal de un confesonario o en la distante docencia de los púlpitos o en el remoto conocimiento de los libros, pero no en el manoseo de la inmediación. Y todos conocen que esto es verdad; y con todo, se permite sólo por el defecto de no haber ancianas sabias; luego es grande daño el no haberlas. Esto debían considerar los que atados al *Mulieres in Ecclesia taceant*, blasfeman de que las mujeres sepan y enseñen; como que no fuera el mismo Apóstol el que dijo: *Bene docentes*. Demás de que aquella prohibición cayó sobre lo historial que refiere Eusebio, y es que en la Iglesia primitiva se ponían las mujeres a enseñar las doctrinas unas a otras en los templos; y este rumor confundía cuando predicaban los apóstoles y por eso se les mandó callar; como ahora sucede, que mientras predica el predicador no se reza en alta voz.

No hay duda de que para inteligencia de muchos lugares es menester mucha historia, costumbres, ceremonias, proverbios y aun maneras de hablar de aquellos tiempos en que se escribieron, para saber sobre qué caen y a qué aluden algunas locuciones de las divinas letras. *Scindite corda vestra, et non vestimenta vestra* ¿no es alusión a la ceremonia que tenían los hebreos de rasgar los vestidos, en señal de dolor, como lo hizo el mal pontífice cuando dijo que Cristo había blasfemado? Muchos lugares del Apóstol sobre el socorro de las viudas ¿no miraban también a las costumbres de aquellos tiempos? Aquel lugar de la mujer fuerte: *Nobilis in portis ire ius* ¿no alude a la costumbre de estar los tribunales de los jueces en las puertas de las ciudades? El *dare terram Deo* ¿no significaba hacer algún voto? *Hiemantes* ¿no se llamaban los pecadores públicos, porque hacían penitencia a cielo abierto, a diferencia de los otros que la hacían en un portal? Aquella queja de Cristo al fariseo de la falta del ósculo y lavatorio de pies ¿no se fundó en la costumbre que de hacer estas cosas tenían los judíos? Y otros infinitos lugares no sólo de las letras divinas sino también de las humanas, que se topan a cada paso, como el *adorate purpuram*, que significaba obedecer al rey; el *manumittere eum*, que significa dar libertad, aludiendo a la costumbre y ceremonia de dar una bofetada al esclavo para darle libertad. Aquel *intonuit coelum*, de Virgilio, que alude al agüero de tronar hacia occidente, que se tenía por bueno. Aquel *tu nunquam leporem edisti*, de Marcial, que no sólo tiene el donaire de equívoco en el *leporem*, sino la alusión a la propiedad que decían tener la liebre. Aquel proverbio: *Maleam legens, quae sunt domi obliviscere*, que alude al gran peligro del promontorio de Laconia. Aquella respuesta de la casta matrona al pretensor molesto, de: «Por mí no se untarán los quicios, ni arderán las teas», para decir que no quería casarse, aludiendo a la ceremonia de untar las puertas con manteca y encender las teas nupciales en los matrimonios; como si ahora dijéramos: por mí no se gastarán arras ni echará bendiciones el cura. Y así hay tanto comento de Virgilio y de Homero y de todos los poetas y oradores. Pues fuera de esto, ¿qué dificultades no se hallan en los lugares sagrados, aun en lo gramatical, de ponerse el plural por singular, de pasar de segunda a tercera persona, como aquello de los Cantares: *Osculetur me osculo oris sui: quia meliora sunt ubera tua vino?* ¿Aquel poner los adjetivos en genitivo, en vez de acusativo, como *Calicem salutaris accipiam*? ¿Aquel poner el femenino por masculino; y, al contrario, llamar adulterio a cualquier pecado?

Todo esto pide más lección de lo que piensan algunos que, de meros gramáticos, o cuando mucho con cuatro términos de Súmulas, quieren interpretar las Escrituras y se aferran del *Mulieres in Ecclesiis taceant*, sin saber cómo se ha de entender. Y de otro lugar: *Mulier in silentio discat*; siendo este lugar más en favor que en contra de las mujeres, pues manda que aprendan, y mientras aprenden claro está que es necesario que callen. Y también está escrito: *Audi Israel, et tace*; donde se habla con toda la colección de los hombres y mujeres, y a todos se manda callar, porque quien oye y aprende es mucha razón que atienda y calle. Y si no, yo quisiera que estos intérpretes y expositores de San Pablo me explicaran cómo entienden aquel lugar: *Mulieres in Ecclesia taceant*. Porque o lo han de entender de lo material de los púlpitos y cátedras, o de lo formal de la universalidad de los fieles, que es la Iglesia. Si lo entienden de lo primero (que es, en mi sentir, su verdadero sentido, pues vemos que, con efecto, no se permite en la Iglesia que las mujeres lean públicamente ni prediquen), ¿por qué reprenden a las que pri-

vadamente estudian? Y si lo entienden de lo segundo y quieren que la prohibición del Apóstol
sea trascendentalmente, que ni en lo secreto se
permita escribir ni estudiar a las mujeres, ¿cómo
vemos que la Iglesia ha permitido que escriba
una Gertrudis, una Teresa, una Brígida, la monja de Ágreda y otras muchas? Y si me dicen que
éstas eran santas, es verdad, pero no obsta a mi
argumento; lo primero, porque la proposición
de San Pablo es absoluta y comprende a todas
las mujeres sin excepción de santas, pues también en su tiempo lo eran Marta y María, Marcela, María madre de Jacob, y Salomé, y otras
muchas que había en el fervor de la primitiva
Iglesia, y no las exceptúa; y ahora vemos que
la Iglesia permite escribir a las mujeres santas y
no santas, pues la de Ágreda y María de la Anti-
gua no están canonizadas y corren sus escritos;
y ni cuando Santa Teresa y las demás escribieron, lo estaban: luego la prohibición de San Pablo sólo miró a la publicidad de los púlpitos,
pues si el Apóstol prohibiera el escribir, no lo
permitiera la Iglesia. Pues ahora, yo no me atre-
vo a enseñar —que fuera en mí muy desmedida
presunción—; y el escribir, mayor talento que el
mío requiere y muy grande consideración. Así
lo dice San Cipriano: *Gravi consideratione indi-*

gent, quae scribimus. Lo que sólo he deseado es estudiar para ignorar menos: que, según San Agustín, unas cosas se aprenden para hacer y otras para sólo saber: *Discimus quaedam, ut sciamus; quaedam, ut faciamus.* Pues ¿en qué ha estado el delito, si aun lo que es lícito a las mujeres, que es enseñar escribiendo, no hago yo porque conozco que no tengo caudal para ello, siguiendo el consejo de Quintiliano: *Noscat quisque, et non tantum ex alienis praeceptis, sed ex natura sua capiat consilium?*

Si el crimen está en la Carta Atenagórica, ¿fue aquélla más que referir sencillamente mi sentir con todas las venias que debo a nuestra Santa Madre Iglesia? Pues si ella, con su santísima autoridad, no me lo prohíbe, ¿por qué me lo han de prohibir otros? ¿Llevar una opinión contraria de Vieyra fue en mí atrevimiento, y no lo fue en su Paternidad llevarla contra los tres Santos Padres de la Iglesia? Mi entendimiento tal cual ¿no es tan libre como el suyo, pues viene de un solar? ¿Es alguno de los principios de la Santa Fe, revelados, su opinión, para que la hayamos de creer a ojos cerrados? Demás que yo ni falté al decoro que a tanto varón se debe, como acá ha faltado su defensor, olvidado de la sentencia de Tito Lucio: *Artes committa-*

tur decor; ni toqué a la Sagrada Compañía en el pelo de la ropa; ni escribí más que para el juicio de quien me lo insinuó; y según Plinio, *non similis est conditio publicantis, et nominatim dicentis*. Que si creyera se había de publicar, no fuera con tanto desaliño como fue. Si es, como dice el censor, herética, ¿por qué no la delata?, y con eso él quedará vengado y yo contenta, que aprecio, como debo, más el nombre de católica y de obediente hija de mi Santa Madre Iglesia, que todos los aplausos de docta. Si está bárbara —que en eso dice bien—, ríase, aunque sea con la risa que dicen del conejo, que yo no le digo que me aplauda, pues como yo fui libre para disentir de Vieyra, lo será cualquiera para disentir de mi dictamen.

Pero ¿dónde voy, Señora mía? Que esto no es de aquí, ni es para vuestros oídos, sino que como voy tratando de mis impugnadores, me acordé de las cláusulas de uno que ha salido ahora, e insensiblemente se deslizó la pluma a quererle responder en particular, siendo mi intento hablar en general. Y así, volviendo a nuestro Arce, dice que conoció en esta ciudad dos monjas: la una en el convento de Regina, que tenía el Breviario de tal manera en la memoria, que aplicaba con grandísima prontitud y propiedad sus versos, salmos y sentencias de homilías de los santos, en las conversaciones. La otra, en el convento de la Concepción, tan acostumbrada a leer las Epístolas de mi Padre San Jerónimo, y locuciones del Santo, de tal manera que dice Arce: *Hieronymum ipsum hispane loquentem audire me existimarem.* Y de ésta dice que supo, después de su muerte, había traducido dichas Epístolas en romance; y se duele de que tales talentos no se hubieran empleado en mayores estudios con principios científicos, sin decir los nombres de la una ni de la otra, aunque las trae para confirmación de su sentencia, que es que no sólo es lícito, pero utilísimo y necesario a las mujeres el estudio de las Sagradas Letras, y mucho más a las monjas, que es lo mismo a que vuestra discreción me exhorta y a que concurren tantas razones.

Pues si vuelvo los ojos a la tan perseguida habilidad de hacer versos —que en mí es tan natural, que aun me violento para que esta carta no lo sean, y pudiera decir aquello de *Quidquid conabar dicere, versus erat*—, viéndola condenar a tantos tanto y acriminar, he buscado muy de propósito cuál sea el daño que puedan tener, y no le he hallado; antes sí los veo aplaudidos en las bocas de las Sibilas; santificados en las plu-

mas de los Profetas, especialmente del Rey David, de quien dice el gran expositor y amado
Padre mío, dando razón de las mensuras de sus
metros: *In morem Flacci et Pindari nunc iambo cu-
rrit, nunc alcaico personat, nunc sapphico tumet,
nunc semipede ingreditur.* Los más de los libros
sagrados están en metro, como el Cántico de
Moisés; y los de Job, dice San Isidoro, en sus *Eti-
mologías*, que están en verso heroico. En los Epitalamios los escribió Salomón; en los Trenos,
Jeremías. Y así dice Casiodoro: *Omnis poetica
locutio a Divinis scripturis sumpsit exordium.*
Pues nuestra Iglesia Católica no sólo no los des-
deña, mas los usa en sus Himnos y recita los
de San Ambrosio, Santo Tomás, de San Isidoro y
otros. San Buenaventura les tuvo tal afecto que
apenas hay plana suya sin versos. San Pablo
bien se ve que los había estudiado, pues los cita,
y traduce el de Arato: *In ipso enim vivimus, et mo-
vemur, et sumus*, y alega el otro de Parménides:
Cretenses semper mendaces, malae bestiae, pigri.
San Gregorio Nacianceno disputa en elegantes
versos las cuestiones de Matrimonio y la de
la Virginidad. Y ¿qué me canso? La Reina de la
Sabiduría y Señora nuestra, con sus sagrados
labios, entonó el Cántico de la Magnificat; y
habiéndola traído por ejemplar, agravio fuera

traer ejemplos profanos, aunque sean de varones gravísimos y doctísimos, pues esto sobra
para prueba; y el ver que, aunque como la ele-
gancia hebrea no se pudo estrechar a la mensu-
ra latina, a cuya causa el traductor sagrado, más
atento a lo importante del sentido, omitió el
verso, con todo, retienen los Salmos el nombre
y divisiones de versos; pues ¿cuál es el daño que
pueden tener ellos en sí? Porque el mal uso no
es culpa del arte, sino del mal profesor que los
vicia, haciendo de ellos lazos del demonio;
y esto en todas las facultades y ciencias sucede.

Pues si está el mal en que los use una mujer,
ya se ve cuántas los han usado loablemente;
pues ¿en qué está el serlo yo? Confieso desde
luego mi ruindad y vileza; pero no juzgo que se
habrá visto una copla mía indecente. Demás,
que yo nunca he escrito cosa alguna por mi voluntad, sino por ruegos y preceptos ajenos; de
tal manera, que no me acuerdo haber escrito
por mi gusto sino un papelillo que llaman *El
Sueño*. Esa carta que vos, Señora mía, honras-
teis tanto, la escribí con más repugnancia que
otra cosa; y así porque era de cosas sagradas
a quienes (como he dicho) tengo reverente temor, como porque parecía querer impugnar,
cosa a que tengo aversión natural. Y creo que si

pudiera haber prevenido el dichoso destino a que nacía —pues, como a otro Moisés, la arrojé expósita a las aguas del Nilo del silencio, donde la halló y acarició una princesa como vos—; creo, vuelvo a decir, que si yo tal pensara, la ahogara antes entre las mismas manos en que nacía, de miedo de que pareciesen a la luz de vuestro saber los torpes borrones de mi ignorancia. De donde se conoce la grandeza de vuestra bondad, pues está aplaudiendo vuestra voluntad lo que precisamente ha de estar repugnando vuestro clarísimo entendimiento. Pero ya que su ventura la arrojó a vuestras puertas, tan expósita y huérfana que hasta el nombre le pusisteis vos, pésame que, entre más deformidades, llevase también los defectos de la prisa; porque así por la poca salud que continuamente tengo, como por la sobra de ocupaciones en que me pone la obediencia, y carecer de quien me ayude a escribir, y estar necesitada a que todo sea de mi mano y porque, como iba contra mi genio y no quería más que cumplir con la palabra a quien no podía desobedecer, no veía la hora de acabar; y así dejé de poner discursos enteros y muchas pruebas que se me ofrecían, y las dejé por no escribir más; que, a saber que se había de imprimir, no las hubiera dejado, siquiera por dejar satisfechas algunas objeciones que se han excitado, y pudiera remitir, pero no seré tan desatenta que ponga tan indecentes objetos a la pureza de vuestros ojos, pues basta que los ofenda con mis ignorancias, sin que los remita a ajenos atrevimientos. Si ellos por sí volaren por allá (que son tan livianos que sí harán), me ordenaréis lo que debo hacer; que, si no es interviniendo vuestros preceptos, lo que es por mi defensa nunca tomaré la pluma, porque me parece que no necesita de que otro le responda, quien en lo mismo que se oculta conoce su error, pues, como dice mi Padre San Jerónimo, *bonus sermo secreta non quaerit*, y San Ambrosio: *Latere criminosae est conscientiae*. Ni yo me tengo por impugnada, pues dice una regla del Derecho: *Accusatio non tenetur, si non curat de persona, quae produxerit illam*. Lo que sí es de ponderar es el trabajo que le ha costado el andar haciendo traslados. ¡Rara demencia: cansarse más en quitarse el crédito que pudiera en granjearlo! Yo, Señora mía, no he querido responder; aunque otros lo han hecho, sin saberlo yo: basta que he visto algunos papeles, y entre ellos uno que por docto os remito y porque el leerle os desquite parte del tiempo que os he malgastado en lo que yo escribo. Si vos,

Señora, gustáredes de que yo haga lo contrario de lo que tenía propuesto a vuestro juicio y sentir, al menor movimiento de vuestro gusto cederá, como es razón, mi dictamen que, como os he dicho, era de callar, porque aunque dice San Juan Crisóstomo: *Calumniatores convincere oportet, interrogatores docere*, veo que también dice San Gregorio: *Victoria non minor est, hostes tolerare, quam hostes vincere*; y que la paciencia vence tolerando y triunfa sufriendo. Y si entre los gentiles romanos era costumbre, en la más alta cumbre de la gloria de sus capitanes —cuando entraban triunfando de las naciones, vestidos de púrpura y coronados de laurel, tirando el carro, en vez de brutos, coronadas frentes de vencidos reyes, acompañados de los despojos de las riquezas de todo el mundo y adornada la milicia vencedora de las insignias de sus hazañas, oyendo los aplausos populares en tan honrosos títulos y renombres como llamarlos Padres de la Patria, Columnas del Imperio, Muros de Roma, Amparos de la República y otros nombres gloriosos—, que en este supremo auge de la gloria y felicidad humana fuese un soldado, en voz alta diciendo al vencedor, como con sentimiento suyo y orden del Senado: Mira que eres mortal; mira que tienes tal y tal defecto; sin perdonar los más vergonzosos, como sucedió en el triunfo de César, que voceaban los más viles soldados a sus oídos: *Cavete romani, adducimus vobis adulterum calvum.* Lo cual se hacía porque en medio de tanta honra no se desvaneciese el vencedor, y porque el lastre de estas afrentas hiciese contrapeso a las velas de tantos aplausos, para que no peligrase la nave del juicio entre los vientos de las aclamaciones. Si esto, digo, hacían unos gentiles, con sola la luz de la Ley Natural, nosotros, católicos, con un precepto de amar a los enemigos, ¿qué mucho haremos en tolerarlos? Yo de mí puedo asegurar que las calumnias algunas veces me han mortificado, pero nunca me han hecho daño, porque yo tengo por muy necio al que teniendo ocasión de merecer, pasa el trabajo y pierde el mérito, que es como los que no quieren conformarse al morir y al fin mueren sin servir su resistencia de excusar la muerte, sino de quitarles el mérito de la conformidad, y de hacer mala muerte la muerte que podía ser bien. Y así, Señora mía, estas cosas creo que aprovechan más que dañan, y tengo por mayor el riesgo de los aplausos en la flaqueza humana, que suelen apropiarse lo que no es suyo, y es menester estar con mucho cuidado y tener escritas en el corazón aquellas palabras del Apóstol: *Quid autem habes quod non accepisti? Si autem accepisti, quid gloriaris quasi non acceperis?*, para que sirvan de escudo que resista las puntas de las alabanzas, que son lanzas que, en no atribuyéndose a Dios, cuyas son, nos quitan la vida y nos hacen ser ladrones de la honra de Dios y usurpadores de los talentos que nos entregó y de los dones que nos prestó y de que hemos de dar estrechísima cuenta. Y así, Señora, yo temo más esto que aquello; porque aquello, con sólo un acto sencillo de paciencia, está convertido en provecho; y esto, son menester muchos actos reflejos de humildad y propio conocimiento para que no sea daño. Y así, de mí lo conozco y reconozco que es especial favor de Dios el conocerlo, para saberme portar en uno y en otro con aquella sentencia de San Agustín: *Amico laudanti credendum non est, sicut nec inimico detrahenti*. Aunque yo soy tal que las más veces lo debo de echar a perder o mezclarlo con tales defectos e imperfecciones, que vicio lo que de suyo fuera bueno. Y así, en lo poco que se ha impreso mío, no sólo mi nombre, pero ni el consentimiento para la impresión ha sido dictamen propio, sino libertad ajena que no cae debajo de mi dominio, como lo fue la impresión de la Carta Atenagórica; de suerte que solamente unos Ejercicios de la Encarnación y unos Ofrecimientos de los Dolores se imprimieron con gusto mío por la pública devoción, pero sin mi nombre; de los cuales remito algunas copias, porque (si os parece) los repartáis entre nuestras hermanas las religiosas de esa santa comunidad y demás de esa ciudad. De los Dolores va sólo uno porque se han consumido ya y no pude hallar más. Hícelos sólo por la devoción de mis hermanas, años ha, y después se divulgaron; cuyos asuntos son tan improporcionados a mi tibieza como a mi ignorancia, y sólo me ayudó en ellos ser cosas de nuestra gran Reina: que no sé qué se tiene el que en tratando de María Santísima se enciende el corazón más helado. Yo quisiera, venerable Señora mía, remitiros obras dignas de vuestra virtud y sabiduría; pero como dijo el Poeta:

Ut desint vires, tamen est laudanda voluntas:
hac ego contentos, auguror esse Deos.

Si algunas otras cosillas escribiere, siempre irán a buscar el sagrado de vuestras plantas y el seguro de vuestra corrección, pues no tengo otra alhaja con que pagaros, y en sentir de Séneca, el que empezó a hacer beneficios se obligó a continuarlos; y así os pagará a vos vuestra propia liberalidad, que sólo así puedo yo quedar dignamente desempeñada, sin que caiga en mí aquello del mismo Séneca: *Turpe est beneficiis vinci*. Que es bizarría del acreedor generoso dar al deudor pobre con que pueda satisfacer la deuda. Así lo hizo Dios con el mundo imposibilitado de pagar: diole a su Hijo propio para que se le ofreciese por digna satisfacción.

Si el estilo, venerable Señora mía, de esta carta, no hubiere sido como a vos es debido, os pido perdón de la casera familiaridad o menos autoridad de que tratándoos como a una religiosa de velo, hermana mía, se me ha olvidado la distancia de vuestra ilustrísima persona, que a veros yo sin velo, no sucediera así; pero vos, con vuestra cordura y benignidad, supliréis o enmendaréis los términos, y si os pareciere incongruo el Vos de que yo he usado por parecerme que para la reverencia que os debo es muy poca reverencia la Reverencia, mudadlo en el que os pareciere decente a lo que vos merecéis, que yo no me he atrevido a exceder de los límites de vuestro estilo ni a romper el margen de vuestra modestia.

Y mantenedme en vuestra gracia, para impetrarme la divina, de que os conceda el Señor muchos aumentos y os guarde, como le suplico y he menester. De este convento de N. Padre San Jerónimo de Méjico, a primero día del mes de marzo de mil seiscientos y noventa y un años.

B. V. M. vuestra más favorecida

JUANA INÉS DE LA CRUZ

Carta de sor Juana Inés de la Cruz a su confesor.

«Autodefensa espiritual»[*]

[*] Carta dirigida al jesuita Antonio Núñez de Miranda, confesor de sor Juana desde 1667 hasta 1682. Durante ese tiempo ejerció una severísima autoridad sobre ella, exhortándola en numerosas ocasiones a sustituir su devoción por las letras y el conocimiento por las obligaciones religiosas.

Carta de la Madre Juana Inés de la Cruz escrita al R. P. M. Antonio Núñez, de la Compañía de Jesús.

Pax Xpti.

Aunque ha muchos tiempos que varias personas me han informado de que soy la única reprensible en las conversaciones de V. R. fiscalizando mis acciones con tan agria ponderación como llegarlas a «escándalo público», y otros epítetos no menos horrorosos, y aunque pudiera la propia conciencia moverme a la defensa, pues no soy tan absoluto dueño mi crédito, que no esté coligado con el de un linaje que tengo, y una comunidad en que vivo, con todo esto, he querido sacrificar el sufrimiento a la suma veneración y filial cariño con que siempre he respetado a V. R. queriendo más aína que cayesen sobre mí todas las objeciones, que no que pareciera pasaba yo la línea de mi justo, y debido respeto en redargüir a V. R. en lo cual confieso ingenuamente que no pude merecer nada para con Dios, pues fue más humano respeto a su persona, que cristiana paciencia; y esto no ignorando yo la veneración y crédito grande que V. R. (con mucha razón) tiene con todos, y que le oyen como a un oráculo divino y aprecian sus palabras como dictadas del Espíritu Santo, y que cuanto mayor es su autoridad tanto más queda perjudicado mi crédito; con todo esto nunca he querido asentir a las instancias que a que responda me ha hecho, no sé si la razón o si el amor propio (que éste tal vez con capa de razón nos arrastra) juzgando que mi silencio sería el medio más suave para que V. R. se desapasionase; hasta que con el tiempo he reconocido que antes parece que le irrita mi paciencia, y así determiné responder a V. R. salvando y suponiendo mi amor, mi obligación y mi respeto.

La materia, pues, de este enojo de V. R. (muy amado Padre y Señor mío) no ha sido otra que la de estos negros versos de que el Cielo tan contra la voluntad de V. R. me dotó. Éstos he rehusado sumamente el hacerlos y me he excusado todo lo posible no porque en ellos hallase yo razón de bien ni de mal, que siempre los he tenido (como lo son) por cosa indiferente, y aunque pudiera decir cuántos los han usado santos y doctos, no quiero entrometerme a su defensa, que no son mi padre ni mi madre: sólo digo que no los haría por dar gusto a V. R. sin buscar, ni averiguar la razón de su aborrecimiento, que es muy propio del amor obedecer a ciegas; además que con esto también me conformaba con la natural repugnancia que siempre he tenido a hacerlos, como consta a cuantas personas me conocen; pero esto no fue posible observarlo con tanto rigor que no tuviese algunas excepciones, tales como dos villancicos a la Sma. Virgen que después de repetidas instancias y pausa de ocho años, hice con venia y licencia de V. R. la cual tuve entonces por más necesaria que la del Sr. Arzobispo Virrey mi Prelado y en ellos procedí con tal modestia, que no consentí en los primeros poner mi nombre, y en los segundos se puso sin consentimiento ni noticia mía, y unos y otros corrigió antes V. R.

A esto se siguió el Arco de la Iglesia. Ésta es la irremisible culpa mía a la cual precedió habérmela pedido tres o cuatro veces y tantas despedídome yo hasta que vinieron los dos señores jueces hacedores que antes de llamarme a mí, llamaron a la Madre Priora y después a mí y mandaron en nombre del Excmo. Señor Arzobispo lo hiciese porque así lo había votado el Cabildo pleno y aprobado Su Excelencia.

Ahora quisiera yo que V. R. con su clarísimo juicio se pusiera en mi lugar y consultara ¿qué respondiera en este lance? ¿Respondería que no podía? Era mentira. ¿Que no quería? Era inobediencia. ¿Que no sabía? Ellos no pedían más que hasta donde supiese. ¿Que estaba mal votado? Era sobredescarado atrevimiento, villano y grosero desagradecimiento a quien me honraba con el concepto de pensar que sabía hacer una mujer ignorante, lo que tan lucidos ingenios solicitaban: luego no pudo hacer otra cosa que obedecer.

Éstas son las obras públicas que tan escandalizado tienen al mundo, y tan edificados a los buenos y así vamos a los no públicos: apenas se hallará tal o cual coplilla hecha a los años, al obsequio de tal o tal persona de mi estimación, y a quienes he debido socorro en mis necesidades (que no han sido pocas, por ser tan pobre y no tener renta alguna). Una loa a los años del Rey Nuestro Señor hecha por mandato del mismo Excmo. Señor Don Fray Payo, otra por orden de la Excma. Sra. condesa de Paredes.

Pues ahora, Padre mío y mi señor, le suplico a V. R. deponga por un rato el cariño del propio dictamen (que aun a los muy santos arrastra) y dígame V. R. (ya que en su opinión es pecado hacer versos) ¿en cuál de estas ocasiones ha sido tan grave el delito de hacerlos? Pues cuando fuera culpa (que yo no sé por qué razón se le pueda llamar así) la disculparan las mismas circunstancias y ocasiones que para ello he tenido tan contra mi voluntad, y esto bien claro se prueba, pues en la facilidad que todos saben que tengo, si a ésa se juntara motivo de vanidad (quizá lo es de mortificación) ¿qué más castigo me quiere V. R. que el que entre los mismos aplausos que tanto se duelen, tengo? ¿De qué envidia no soy blanco? ¿De qué mala intención no soy objeto? ¿Qué acción hago sin temor? ¿Qué palabra digo sin recelo?

Las mujeres sienten que las excedan los hombres, que parezca que los igualo; unos no quisieran que supiera tanto, otros dicen que había de saber más, para tanto aplauso; las viejas no quisieran que otras supieran más, las mozas que otras parezcan bien, y unos y otros que viese conforme a las reglas de su dictamen, y de todos puntos resulta un tan extraño género de martirio cual no sé yo que otra persona haya experimentado.

¿Qué más podré decir ni ponderar?, que hasta el hacer esta forma de letra algo razonable me costó una prolija y pesada persecución no por más de por que dicen que parecía letra de hombre, y que no era decente, con que me obligaron a malearla adrede y de esto toda esta comunidad es testigo; en fin ésta no ser materia para una carta sino para muchos volúmenes muy copiosos. Pues ¿qué dichos son estos tan culpables?, ¿los aplausos y celebraciones vulgares los solicité? Y los particulares favores y honras de los Excelentísimos Señores marqueses que por sola su dignación y sin igual humanidad me hacen ¿los procuré yo?

Tan a la contra sucedió que la Madre Juana de San Antonio Priora de este convento y persona que por ningún caso podrá mentir es testigo de que la primera vez que Sus Excelencias honraron esta casa, le pedí licencia para retirarme a la celda y no verlos, ni ser vista (como si Sus Excelencias me hubiesen hecho algún daño) sin más motivo que huir el aplauso que así se convierte en tan pungentes espinas de persecución, y lo hubiera conseguido a no mandarme la Madre Priora lo contrario.

¿Pues qué culpa mía fue el que Sus Excelencias se agradasen de mí? Aunque no había por qué ¿podré yo negarme a tan soberanas personas?, ¿podré sentir el que me honren con sus visitas?

V. R. sabe muy bien que no; como lo experimentó en tiempo de los Excmos. Sres. marqueses de Mancera, pues oí yo a V. R. en muchas ocasiones quejarse de las ocupaciones a que le hacía faltar la asistencia de Sus Excelencias sin poderlas no obstante dejar; y si el Excmo. Sr. marqués de Mancera entraba cuantas veces quería en unos conventos tan santos como Capuchinas y Teresas; y sin que nadie lo tuviese por malo, ¿cómo podré yo resistir que el Excmo. Sr. marqués de la Laguna entre en éste? De más que yo no soy prelada ni corre por mi cuenta su gobierno.

Sus Excelencias me honran porque son servidos no porque yo lo merezca, ni tampoco porque al principio lo solicité. Yo no puedo, ni quisiera aunque pudiera, ser tan bárbaramente ingrata a los favores y cariños (tan no merecidos, ni servidos) de Sus Excelencias.

Mis estudios no han sido en daño ni perjuicio de nadie, mayormente habiendo sido tan sumamente privados que no me he valido ni aun de la dirección de un maestro, sino que a secas me lo he habido conmigo y mi trabajo, que no ignoro que el cursar públicamente las escuelas no fuera decente a la honestidad de una mujer, por la ocasionada familiaridad con los hombres y que ésta sería la razón de publicar los estudios públicos; y el no disputarles lugar señalado para ellos, será porque como no las ha menester la república para el gobierno de los magistrados (de que por la misma razón de honestidad están excluidas) no cuida de lo que no les ha de servir; pero los privados y particulares estudios ¿quién los ha prohibido a las mujeres? ¿No tienen alma racional como los hombres? ¿Pues por qué no gozará el privilegio de la ilustración de las letras con ellas? ¿No es capaz de tanta gracia y gloria de Dios como la suya? ¿Pues por qué no será capaz de tantas noticias y ciencias que es menos? ¿Qué revelación divina, qué determinación de la Iglesia, qué dictamen de la razón hizo para nosotras tan severa ley?

¿Las letras estorban, sino que antes ayudan a la salvación? ¿No se salvó San Agustín, San Ambrosio y todos los demás Santos Doctores? Y V. R. cargado de tantas letras, ¿no piensa salvarse?

Y si me responde que en los hombres milita otra razón, digo: ¿no estudió Santa Catalina,

Santa Gertrudis, mi Madre Santa Paula sin estorbarle a su alta contemplación, ni a la fatiga de sus fundaciones el saber hasta griego? ¿El aprender hebreo? ¿Enseñada de mi Padre San Jerónimo, el resolver y el entender las Santas Escrituras, como el mismo santo lo dice? ¿Ponderando también en una epístola suya en todo género de estudios doctísima a Blegilla, hija de la misma santa, y en tan tiernos años que murió de veinte?

Pues ¿por qué en mí es malo lo que en todas fue bueno? ¿Sólo a mí me estorban los libros para salvarme?

Si he leído los profetas y oradores profanos (descuido en que incurrió el mismo Santo) también leo los Doctores Sagrados y Santas Escrituras, de más que a los primeros no puedo negar que les debo innumerables bienes y reglas de bien vivir.

Porque ¿qué cristiano no se corre de ser iracundo a vista de la paciencia de un Sócrates gentil? ¿Quién podrá ser ambicioso a vista de la modestia de Diógenes cínico? ¿Quién no alaba a Dios en la inteligencia de Aristóteles? Y en fin ¿qué católico no se confunde si contempla la suma de virtudes morales en todos los filósofos gentiles?

¿Por qué ha de ser malo que el rato que yo había de estar en una reja hablando disparates o en una celda murmurando cuanto pasa fuera y dentro de casa, o pelear con otra, o riñendo a la triste sirviente, o vagando por todo el mundo con el pensamiento, lo gastara en estudiar?

Y más cuando Dios me inclinó a eso y no me pareció que era contra su ley santísima, ni contra la obligación de mi estado, yo tengo este genio, si es malo, yo me hice, nací con él y con él he de morir.

V. R. quiere que por fuerza me salve ignorando, pues amado Padre mío, ¿no puede esto hacerse sabiendo? Que al fin es camino para mí más suave. Pues ¿por qué para salvarse ha de ir por el camino de la ignorancia si es repugnante a su natural?

¿No es Dios como suma bondad, suma sabiduría? Pues ¿por qué le ha de ser más acepta la ignorancia que la ciencia?

Sálvese San Antonio con su ignorancia santa, norabuena, que San Agustín va por otro camino, y ninguno va errado.

Pues ¿por qué es esta pesadumbre de V. R. y el decir «que a saber que yo había de hacer versos no me hubiera entrado religiosa, sino casándome»?

Pues, Padre amantísimo (a quien forzada y con vergüenza insto lo que no quisiera tomar en boca), ¿cuál era el dominio directo que tenía V. R. para disponer de mi persona y del albedrío (sacando el que mi amor le daba y le dará siempre) que Dios me dio?

Pues cuando ello sucedió había muy poco que yo tenía la dicha de conocer a V. R. y aunque le debí sumos deseos y solicitudes de mi estado, que estimaré siempre como debo, lo tocante a la dote, mucho antes de conocer yo a V. R. lo tenía aprestado mi padrino el Capitán D. Pedro Velázquez de la Cadena y agenciándomelo estas mismas prendas, en las cuales, y no en otra cosa, me libró Dios el remedio; luego no hay sobre qué caiga tal proposición; aunque no niego deberle a V. R. otros cariños y agasajos muchos que reconoceré eternamente, tal como el de pagarme maestro, y otros; pero no es razón que éstos no se continúen, sino que se hayan convertido en vituperios, y en que no haya conversación en que no salgan más culpas y sea el tema espiritual el celo de V. R. mi conversación.

¿Soy por ventura hereje? Y si lo fuera ¿había de ser santa a pura fuerza? Ojalá y la santidad fuera cosa que se pudiera mandar, que con eso la tuviera yo segura; pero yo juzgo que se persuade, no se manda, y si se manda, Prelados he tenido que lo hicieran; pero los preceptos y fuerzas exteriores si son moderados y prudentes hacen recatados y modestos, si son demasiados, hacen desesperados; pero santos, sólo la gracia y auxilios de Dios saben hacerlos.

¿En qué se funda pues este enojo? ¿En qué este desacreditarme? ¿En qué este ponerme en concepto de escandalosa con todos? ¿Canso yo a V. R. con algo? ¿Héle pedido alguna cosa para el socorro de mis necesidades? ¿O le he molestado con otra espiritual ni temporal?

¿Tócale a V. R. mi corrección por alguna razón de obligación, de parentesco, crianza, prelacía, o tal qué cosa?

Si es mera caridad, parezca mera caridad, y proceda como tal, suavemente, que el exasperarme no es buen modo de reducirme, ni yo tengo tan servil naturaleza que haga por amenazas lo que no me persuade la razón, ni por respetos humanos lo que no haga por Dios, que el privarme yo de todo aquello que me puede dar gusto, aunque sea muy lícito, es bueno que yo lo haga por mortificarme, cuando yo quiera hacer penitencia; pero no para que V. R. lo quiera conseguir a fuerza de reprensiones, y éstas no a mí en secreto como ordena la paternal corrección (ya que V. R. ha dado en ser mi padre, cosa en que me tengo ser muy dichosa) sino públicamente con todos, donde cada uno siente como entiende y habla como siente.

Pues esto, Padre mío, ¿no es preciso yo lo sienta de una persona que con tanta veneración amo y con tanto amor reverencio y estimo?

Si estas represiones cayeran sobre alguna comunicación escandalosa mía, soy tan dócil que (no obstante que ni en lo espiritual, ni temporal he corrido nunca por cuenta de V. R.) me apartara de ella y procurara enmendarme y satisfacerle, aunque fuera contra mi gusto.

Pero, si no es sino por la contradicción de un dictamen que en sustancia tanto monta hacer versos como no hacerlos, y que éstos los aborrezco de forma que no habrá para mí penitencia como tenerme siempre haciéndolos, ¿por qué es tanta pesadumbre?

Porque si por contradicción de dictamen hubiera yo de hablar apasionadamente contra V. R. como lo hace V. R. contra mí, infinitas ocasiones suyas me repugnan sumamente (porque al fin el sentir en las materias indiferentes es aquel *alius sic, et alius sic*) pero no por eso las condeno, sino que antes las venero como suyas y las defiendo como mías; y aun quizá las mismas que son contra mí llamándolas buen celo, sumo cariño, y otros títulos que sabe inventar mi amor y reverencia cuando hablo con los otros.

Pero a V. R. no puedo dejar de decirle que rebosan ya en el pecho las quejas que en espacio de los años pudiera haber dado y que pues tomo la pluma para darlas redarguyendo a quien tanto venero, es porque ya no puedo más, que como no soy tan mortificada como otras hijas en quien se empleara mejor su doctrina, lo siento demasiado.

Y así le suplico a V. R. que si no gusta ni es ya servido favorecerme (que eso es voluntario) no se acuerde de mí, que aunque sentiré tanta pérdida mucho, nunca podré quejarme, que Dios que me crio y redimió, y que usa conmigo tantas misericordias, proveerá con remedio para mi alma que espera en su bondad no se perderá, aunque le falte la dirección de V. R., que del cielo hace muchas llaves y no se estrechó a un solo dictamen, sino que hay en él infinidad de mansiones para diversos genios, y en el mundo hay muchos teólogos, y cuando faltaran, en querer más que en saber consiste el salvarse y esto más estará en mí que en el confesor.

¿Qué precisión hay en que esta salvación mía sea por medio de V. R.? ¿No podrá ser otro? ¿Retringióse y limitóse la misericordia de Dios a un hombre, aunque sea tan discreto, tan docto y tan santo como V. R.?

No por cierto, ni hasta ahora he tenido yo luz particular ni inspiración del Señor que así me lo ordene; conque podré gobernarme con las reglas generales de la Santa Madre Iglesia, mientras el Señor no me da luz de que haga otra cosa, y elegir libremente Padre espiritual el que yo quisiere: que si como Nuestro Señor inclinó a V. R. con tanto amor, y fuerza mi voluntad, conformara también mi dictamen, no fuera otro que V. R. a quien suplico no tenga esta ingenuidad a atrevimiento, ni a menos respeto, sino a sencillez de mi corazón con que no sé decir las cosas sino como las siento, y antes he procurado hablar de manera que no pueda dejar a V. R. rastro de sentimiento o quejas: y no obstante, si en este manifiesto de mis culpas hubiere alguna palabra que haya escrito mala inadvertencia que la voluntad no solo digo de ofensa, pero de menos decoro a la persona de V. R., desde luego la retracto, y doy por mal dicha y peor escrita, y borrara desde luego, si advirtiera cuál era.

Vuelvo a repetir que mi intención es sólo suplicar a V. R. que si no gusta de favorecerme, no se acuerde de mí, si no fuere para encomendarme al Señor, que bien creo de su mucha caridad lo hará con todas veras.

Yo pido a S. M. me guarde a V. R. como deseo.

De este convento de mi Padre San Jerónimo de Méjico.

Vuestra

JUANA INÉS DE LA CRUZ

Impreso en Sant Llorenç d'Hortons, Barcelona,

en el mes de noviembre de 2023

Títulos de la colección Great Ideas